_____»...«_____

Götz Schwäble

Ebbes zom Lacha 3

Schwäbische Witze

DRW

Die Witze dieses Bändchens
wurden mit freundlicher
Genehmigung des
Silberburg-Verlags, Tübingen, der dort
erscheinenden Monatszeitschrift

SCHÖNES SCHWABEN
Land und Leute

entnommen.

ISBN 3-87181-287-0

3. Auflage 2005
© 1992 by
DRW-Verlag
Weinbrenner GmbH & Co.,
Leinfelden-Echterdingen
Zeichnungen: Karl Eckle (†)
Gesamtherstellung:
Karl Weinbrenner & Söhne GmbH & Co.,
Leinfelden-Echterdingen

Bestellnummer: 287

Inhalt

Plappermäula 7

Bei ons wird gschafft 15

Onsre Nochber send de beste 23

Wenn Bsuch kommt 31

Dr Suff reibt oin uff 37

Grüß Gott, Herr Doktor 45

Eheproblemla 51

Spitzige Goscha 59

Wirtschaftsspezialista 67

Mai liaber Fraind 73

Oh Herr Lehrer 79

Jetzt hosch da Dreck 87

Plappermäula...

»...«

Der Vater hat sich als erzieherische Maßnahme für seine Zwillinge etwas Besonderes einfallen lassen. Derjenige, der die Woche über am bravsten war, soll am Sonntag von ihm fünf Mark bekommen. Der Sonntag rückt heran, und der Vater fragt seine Sprößling: »Na, wer hod denn jetzt de ganz Woch über des doa, was d' Mama gsagt hod?« Da blicken sich die Zwillinge kurz an und rufen wie aus einem Mund: »Baba, diea fünf Mark ghörad dir!«

*

Die Mutter sitzt am Bett ihres kleinen Sohnes und beginnt ein Märchen zu lesen: »Es war einmal...« Da wird sie vom Sohnemann unterbrochen: »Emmer, es war einmal! – Gibt's denn eigentlich koine neue Märchen?« Da seufzt die Mutter: »Doch, Kend, daim Vatter seine fangad zum Beispiel so ah: Em Büro isch heut wieder spät worda!«

»...«

Klein-Sabinchen wird von ihrer Mutter zur Rede gestellt, weil sie aus einer Pfütze getrunken hat. »I hann dir doch gsagt, daß en sora Pfütz lauter Bazilla drenn send!« »Aber Mama«, bemerkt da die Kleine mit einem treuherzigen Augenaufschlag, »i ben so oft mit maim Fahrrad durchgfahra, daß do bestimmt koi Bazille mehr am Leba ischt!«

*

Klein-Sabinchen begleitet ihre Mutter zum Einkaufen in die Metzgerei. Sie bekommt ein Stück Wurst geschenkt und die Mutter fragt: »Jetzad, wiea secht a bravs Mädle?« »Au guat, daß du mi dra erennerst, Mama!« piepst Sabinchen. »Gebad Se mir ao no a Rädle mit für mein Bruder drhoim!«

»...«

Karin muß zur Strafe das Auto des Vaters waschen. Nach einer Stunde erscheint er auf dem Balkon und ruft zur Tochter hinab: »Hoscht da Waga endlich gwäscha?« Da echot die Kleine zurück: »Ja scho, hald bis auf außa!«

*

Die kleine Daniela war ungezogen und erhielt dafür von ihrem Vater eine Ohrfeige. Weinend rennt sie zum Opa und klagt ihr Leid. »Woischt, Danielale«, meint der Opa nachdenklich, »do ka ma nix macha, an Vater derf sai Kend haua!« Da sagt die Enkelin fröhlich: »Also, du bisch jo dr Vatter von maim Baba! – Könntest du ned gschwend nomganga ond ihm oina bacha?!«

»...«

Der kleine Sveni darf zum erstenmal im neuen Auto seines großen Bruders mitfahren. Freudestrahlend kommt er nach Hause und berichtet seinen Eltern: »Stellad euch no vor, mir hend a blede Kuah, zwoi Oberdibbel, vier Saudaggel, a dauba Nuß ond oi Granadelall überholt!«

*

Entsetzt sieht die Mutter, wie der kleine Daniel versucht, auf dem Dackel zu reiten. »Om Hemmels Willa, Kend, du erdrückscht jo des Hondle bald voll!« – Darauf der Junge mit einem prüfenden Blick zu dem ängstlich jaulenden Tier: »Aber diea kromme Füäß hod der vorher scho ghed!«

»...«

Der zehnjährige Bastian schmökert in einem Karl-May-Buch. Da sieht er, wie seine ältere Schwester vor dem Spiegel beginnt, Make-up aufzutragen. Mit besorgtem Gesicht schleicht er sich auf den Flur, schließt leise die Wohnzimmertür, ruft den Freund seiner Schwester an, mit dem er sich ausgezeichnet versteht, und flüstert in den Hörer: »Du, Karsten, breng ao Pralina oder Bluma mit, i glaub, mai Schwester hod grad's Kriegsbeil ausgraba!«

*

Völlig entnervt brüllt der Vater seinen Sohn an: »Wenn du jetzt ned lernsch, di ahständig zom Benehma, no werdad aus deine Kender amol genao de gleiche Flegel, wie du's jetzt bisch!« Da stemmt der Junior seine Fäuste in die Hüften und ruft: »So so – von dir hann i des also!«

»...«

Die Familie sitzt beim Mittagessen, und der Vater erzählt unter anderem, daß sein Chef trotz seiner 50 Jahre immer noch unverheiratet sei. Da blickt ihn der kleine Udo verständnislos an und fragt: »Ja du, Baba, wenn der Mann koi Frau hod, so wiea du, wer sagt dem no, was er doa derf ond was ned?«

*

Weinend kommt der kleine Florian von der Straße herauf zu seinem Vater ins Arbeitszimmer gelaufen. »Baba, i will nemme mitdoa, diea spielad dauernd Dornröschen!« Verständnislos blickt der Vater seinen Jüngsten an. »Worom, wellad se die emmer wachküssa?« »Noe!« schluchzt da der Florian. »I soll emmer den Küchajunga spiela, wo oina and Gosch na griegt!«

»...«

Im Religionsunterricht rät die Lehrerin den kleinen Schülern, sich doch Gedanken zu machen, wie sie jemandem eine Freude machen könnten. Sveni meldet sich als erster. »Frau Lehrerin, wenn i ebber a Fraid macha will, gang i mit meim kleina Bruader zu onserer Patatante zum Spiela. – Was glaubad Se, wiea sich dui emmer freut, wenn mir wieder gangad!«

*

Der Gerichtsvollzieher klingelt. Schnell wird der kleine Sohn an die Tür geschickt, um auftragsgemäß zu sagen, daß die Eltern nicht zu Hause sind. »So, ja wo send se denn nah ond wann kommad se wieder?« will der Beamte wissen. Worauf der Bub spontan antwortet: »Des hend se mir ned gsagt, aber an Augablick, i frog se geschwend!«

Bei ons

wird gschafft...

»...«

Ein Architekturstudent macht in einem Zimmereigeschäft ein Praktikum. Am Abend bittet ihn der Meister, doch die leeren Bierflaschen wegzuräumen. Abwehrend sagt der junge Mann: »Was, i soll Bierflascha aufräuma? – I hann fai höhere Schulbildung!« »Guat daß du des sagscht«, klopft der Meister ihm freundlich auf die Schulter, »komm her i zeig dir's, wiea ma des macht!«

*

Der Abteilungsleiter brüllt völlig entnervt seine Untergebenen an und bemerkt dabei nicht, daß der Direktor unter der Tür steht. Plötzlich brüllt der Direktor doppelt so laut los: »Wiea kommad Sie eigentlich drzua, do romzomschreia wiea ein Vollidiot? – Glaubat Sie denn, Siea seiad dr Direktor?«

»...«

Robert kommt am Morgen mit mürrischem Gesicht ins Büro. Sein Kollege begrüßt ihn mit der Nachricht, daß er am gestrigen späten Abend den Junior vom Chef mit der als rabiat und keifig verrufenen Buchhalterin in zärtlicher Umarmung gesehen hätte. »Moinscht mir solldad ned den Junior vor dera warna?« Worauf der Robert noch mürrischer dreinschaut und brummt: »Mi hod ao koiner gwarnt!«

*

»So, jetzt isch mir's wieder leichter!«, erzählt der Günter einem Kollegen und schließt hinter sich die Tür zum Büro des Direktors. »Dem hann i d' Moinung gsagt, daß der en koin Schlappschuha meh naibaßt!« »Jo«, nickt der Kollege anerkennend, »mir hend di bis zo ons nüber schreia höra! – Aber jetzt muascht gucka, daß de wegkommscht, dr Direktor isch nämlich grad en Hof raigfahra!«

»...«

Zwei Kollegen sind über einen Fehler in Streit geraten. »Du bischt so domm«, wütet da der eine, »daß de ned amol an Dackel von ma Schäferhond onderscheida kascht!« »Lächerlich!« brüllt der andere zurück, »Narr, die däd i no mit vrbondane Auga onder tausend Schäferhond rausfenda!«

*

Die Kollegen staunen über den langjährigen Junggesellen und nun endlich verheirateten Ehemann. »Ma merkt halt glei, daß du verheiratet bischt. Früher bischt emmer mit verknitterte Sacha romglaufa und daine Hemmader hend ausgseha, wiea aus ra Mausfall raus!« lobt ihn einer. »Ja gell, mai Sabine ischt super!« ruft da der Jungehemann begeistert aus, »Bügla wars erschte, was se mir beibrocht hod!«

»...«

Der Werbeleiter ließ sich beim Direktor melden. »Wissad Sie eigentlich«, so beginnt er seine Bitte um Gehaltserhöhung, »daß des, was Sie mir monatlich auszahla lassad, en koiner Relatio zo maim Könna stoht?« Da nickt der Chef mit dem Kopf und sagt: »Des freut mi, daß Sie so ehrlich send, aber i hann mir gsagt, a bißle braucht der jo schlieaßlich ao zom Leba!«

*

Der nicht sehr beliebte Meister erzählt einen etwas lahmen Witz, aber außer Herbert brüllen alle vor Lachen. Da tritt der Meister auf ihn zu und fragt gefährlich leise: »Sag amol, Herbert, hod dir mein Witz ned gfalla, weil du ned glacht hoscht?« Da blickt ihn Herbert genüßlich an: »Noi, Moischter, woischt i muaß nemme lacha, i kündige nägscht Woch!«

»...«

Der Seniorchef der Firma hält bei den Feierlichkeiten zum sechzigjährigen Gründungsjubiläum vor zahlreichen Ehrengästen die Festansprache. In seiner frei gehaltenen Rede sagt er: »I hann bloß mit maim Wissa ond mainer Intelligenz, also praktisch mit nix, ahgfanga, dui Firma aufzombaua!«

*

Ein Kunde kommt in den Feinkostladen, in dem sich momentan nur der Lehrling aufhält. »Wer isch do henna verantwortlich?« fragt der Mann. Worauf der Junge erwidert: »Also wenn ebbas ned en Ordnung oder falsch war, ben's i, ond ansonsten dr Chef!«

»...«

Der Kohlenhändler Eberle läßt einen seiner Arbeiter kommen und spricht ihm die Kündigung aus. Da kratzt sich dieser ausgiebig am Kopf und fragt dann langsam: »Ja, des vrstand i jetzt aber ao ned, – worom wellad Sie mi denn entlassa, – i hann doch gar nix do?« Da nickt der Chef: »Grad deshalb!«

*

Der Chef lacht erfreut: »Ja wiea, Fraila Fröschle, Sie send ja heut pünktlich, wiea kommt denn jetzt ao des?« »Des ischt ganz oifach, Chef«, gibt sie zur Antwort, »mai Auto ischt heut morga ned ahgschbronga ond no ben i hald glaufa!«

»...«

Mit sorgenzerfurchtem Gesicht sitzt der Oberbuchhalter im Büro des Chefs, welcher durch seinen flotten Lebenswandel einen ausgezeichneten Ruf bei der Damenwelt genießt. »Also Chef, entweder mir gangad bald Konkurs, oder...« Entsetzt unterbricht ihn der Chef: »Oder?« »Oder Sie heiratet endlich oina von Ihre Sonderausgaben!«

*

Frieder, der Azubi, kommt mit einem vollbepackten Postkorb zum Chef ins Büro. »Ach Frieder, wenn du grad do bischt, mach ao gschwend 's Fenschter auf, do henna ischt a ganz schlechta Luft«, brummt er. Der Frieder tut, wie's ihm geheißen wurde, und brummt zurück: »I ben aber grad erscht raikomma, also i ka's ned gwesa sai!«

Onsre Nochber

   send de beste...

»...«

Zwei Nachbarinnen liegen sich wieder einmal in den Haaren. Wüste Beschimpfungen fliegen hin und her, bis sich eine der Kontrahentinnen schließlich abwendet und gehen will. »So, woischt nix meh!« ruft ihr die andere hinterher. Worauf diese wütend zurückkeift: »Em Moment ned, aber wenn mir wieder ebbas aigfalla ischt, ruf i die glei ah!«

*

»Denked Se no«, erzählt schluchzend Frau Häberle der Nachbarin, »mai Ma hod gestern obend em Rausch an Mostkrug noch mir gschmissa!« »Des könnt bei ons niea bassiera!« erklärt die Nachbarin. »Ach so jo«, schnupft da Frau Häberle zurück, »Ihr Mann trenkt jo bloß Bier!«

»...«

Frau Brösamle steckt den Kopf zur Wohnzimmertür herein und sagt zu ihrem zeitungslesenden Ehemann: »Sei so guat ond rühr des Gulasch alle halb Stond amol om, i gang gschwend für a baar Minuta zur Nochbere nomm!«

*

Frau Lämmle tritt mit einem blauen Veilchen um das Auge aus dem Haus und will in ihren Wagen steigen. Hastig läuft die Nachbarin auf sie zu. »Ha bei euch isch's jo geschdern obend zemlich heftig zuaganga!« »Jo«, nickt Frau Lämmle freimütig, »mai Ma hod a andera Ahsicht vertreta wiea i!« »Ja ond wiea Siea aussehnad! Siea arms Fraule! – Ha dem sollt ma jo grad ao amol oina naihaua!« »Scho«, lächelt Frau Lämmle nachsichtig, »aber auf dr Intensivstation hend se gsagt, daß ma ihn vorerst no ned bsucha derf!«

»...«

Beim Öko-Gunther, einem überzeugten Vegetarier, duftet es verführerisch nach Hasenbraten. Ein Nachbar spricht ihn auf diesen Umstand an und fragt, ob er denn seiner vegetarischen Überzeugung abtrünnig geworden sei. »Noi, noi«, beruhigt der Gunther seinen grinsenden Nachbarn, »des war reine Notwehr. Der Krüppel had mir emmer 's Zuigs weggfressa em Garta!«

*

Zwei Nachbarinnen unterhalten sich über ihre Männer. »Also dr maine hod mir bis heut no ned widersprocha!« erzählt die eine. »Des ischt jo toll, daß Ihr Mann so Achtung vor Ihne hod!« meint die andere. Worauf die erste erwidert: »Was hoißt do Achtung, des ischt doch nackte Angscht!«

»...«

Besorgt fragt der kleine Uli seinen Vater: »Du, Baba, wiea gohd's ao heut daim Rheuma en de Ärm?« »Ned so guat, Bua, i ka schier ned maine Ärm heba!« »Also«, nickt da der Kleine, »no ka i dirs jo saga, i hann beim Nochber mit maim Fuaßball d' Schaufensterscheib naigschmissa!«

*

Zwei Nachbarinnen sprechen beim Kaffeeklatsch über die Tugenden und Untugenden ihrer Männer. »Also«, resümiert die eine, nachdem sich die Nachbarin über ihren kettenrauchenden Mann beklagt hat, »dr mai raucht eigentlich bloß, wenn i ebbas bsonders Guats kocht hann. No stoht er auf da Balkon naus ond raucht a Zigarett.« Worauf die andere spontan ausruft: »Koi Wonder sieht ma den niea auf eurem Balkon standa!«

»...«

In einem Mehrfamilienhaus sind neue Mieter eingezogen. Das WC ist noch nicht angeschlossen und der Junior der Familie sollte ein kleines, aber sehr dringendes Bedürfnis erledigen. Der Vater rät ihm, in der Nachbarwohnung nachzufragen. Nach einer Weile ist der Junge wieder da und berichtet: »Du, Baba, diea hend zwor 's Klo en ma andera Zemmer wiea mir, drfür aber aus purem Gold!« Der Vater ist fasziniert und klingelt nun auch bei den Wohnungsnachbarn, um sich dieses sagenhafte goldene WC anzusehen. Die Nachbarin öffnet die Tür, dreht sich abrupt um und ruft in die Wohnung: »Du, Emil, jetzt ischt dr Vatter von dem Bua do, wo dir grad en dai Tuba naibronzt hod!«

»...«

Frau Baumann liegt im Bikini in ihrem Garten und nimmt ein Sonnenbad. Ihr Mann unterhält sich solange mit dem Nachbarn am Zaun. »Der Zweiteiler von Ihrer Frau wird ao emmer gewagter! Daß Siea des ao zualassad, daß sich Ihr Frau jedas Johr an no knappera Bikini kauft!« Da winkt Herr Baumann lächelnd ab: »Des ischt emmer dr gleiche. Bloß mai Frau wird jedes Johr dicker ond deshalb guckt emmer mehr raus!«

*

Im Nachbarhaus ist ein neuer Mieter eingezogen. Empört ruft die Ehefrau ihren Mann. »Erwin denk no, der Kerle, wo heid morga do hieba aizoga ischd, glotzt äwwl zo ons rom! – Schdell Dir vor, wenn i mi morga früha wäscha dur, ond der sieht des? – I glaub, mir miassad ons jetzt hald doch Vorhäng kaufa!« – »Lassen no romgucka«, wehrt da der Ehemann müde ab, »der kaufd sich bestimmt lieaber selber Vorhäng!«

────── »...« ──────

Der Eduard hat seinem Nachbarn im Streit ins Gesicht geschlagen. Es kommt zur Gerichtsverhandlung und er muß 200 Mark bezahlen. Der Nachbar wartet, höhnisch grinsend, am Ausgang auf den Eduard, worauf dieser wütend ausruft: »Wart no bis i wieder a bißle Geld auf dr Seit hann, no fangscht nommol a baar!«

*

Heftiges Schreien und Schimpfen dringt aus dem Haus der Familie Baumann. Ein hilfsbereiter Nachbar klingelt. Ihm wird geöffnet. Im Wohnzimmer ist bis auf den Hausherrn die ganze Familie friedlich versammelt. »Sagad bloß, mit wem hod er denn no so furchtbar Händel?« Die Hausfrau beruhigt lächelnd den besorgten Nachbarn. »Machad Se sich no koine Gedanka, 's ischt ällas en Ordnung, dr Vatter macht bloß grad sai Steuererklärung!«

Wenn Bsuch kommt...

»...«

Die ganze Familie ist bei Tante Ernestine zu Besuch. Nach dem Kaffee sitzt man noch gemütlich zusammen, als der kleine Bernd plötzlich sagt: »Du, Dande Ernestine, dätscht ned amol zwitschera, mir zlieab?« Verwundert sieht die Tante den Jungen an. »Wiea kommscht denn jetzt ao do drauf?« »Ha«, antwortet dieser eifrig, »weil doch dr Baba em Herfahra gsagt hod, daß du öfters amol oin zwitschera dädescht!«

*

Erwin erzählt seinem Arbeitskollegen, wie müde er sei. Abends werde es immer so spät, und nun erwarte er schon zum drittenmal in dieser Woche am Abend Besuch, weil die Kochkünste seiner Frau einen so ausgezeichneten Ruf hätten. Darauf erwidert sein Kollege nachdenklich: »Da hann ih's eigentlich guat. I kah ens Bett wann i will. De Mai kah ned kocha. – Zo ons kommt niemand meh!«

─────── » . . . « ───────

Die kleine Sabine erfährt am Mittagstisch, daß Besuch erwartet wird. Nach einigem Nachdenken fragt sie: »Du, Mama, wie soll i mie denn dann benemma? – Also i moin, möchdat ihr, daß der Bsuach wiederkommt oder ned?«

*

Tante Elsa war wieder einmal zu Besuch. Jeder der Familie hat seine übliche Zurechtweisung bekommen. Schließlich schickt sie sich nach dem Nachtessen an, wieder zu gehen. Wortlos gibt ihr die kleine Mechthild die Hand. Da beugt sich Tante Elsa zu der Kleinen hinunter und fragt: »Sag amol, Mechthild, woischt du eigentlich ned, wiea ma sagt, wenn du an Bsuch verabschiedescht?«
Klein-Mechthild senkt den Kopf und sagt: »Jo scho, aber des hann i mi ned getraut zom Sage, daß du ned narrad bischt!«

»...«

Sehr angeheitert läutet Karl-Heinz spät in der Nacht an der Wohnungstür seiner Freundin. Diese öffnet, zwar verschlafen, doch aber hocherfreut, ihren Liebsten zu sehen und empfängt ihn mit den Worten: »Des ischt aber nett, daß du no bei mir a Bsüchle machscht!« Worauf er, zwar ehrlich, doch etwas undiplomatisch mit schwerer Zunge stammelt: »En älle Wirtschafta hend se mi nausgschmissa, no hann i denkt, bei dir gibt's bestimmt no ebbas zom Trenka!«

*

Winfrieds Schwiegermutter kommt zu Besuch. Fassungslos steht sie vor dem neuen Ölgemälde im Wohnzimmer. »Des Bild isch so schee, daß i gar nemme schwätza ka!« Worauf ihr Schwiegersohn anerkennend nickte: »No derfsch a Weile bei ons bleiba!«

»...«

Der Patenonkel gratuliert seiner kleinen Nichte zum Geburtstag und wünscht ihr alles Gute. »Danke, lieber Onkel«, meint da die Nichte mit unschuldigem Augenaufschlag, »ond was hoscht du mir denn alles Guats mitbrocht?«

*

Winters besuchen wieder einmal die Erbtante Agathe. Diese sitzt, wegen ihres hohen Alters, in einem Sessel. Während die Familie den neu angelegten Garten besichtigt, bleibt der kleine Bernd im Wohnzimmer und sagt: »Du, Dande Agathe, könntescht du ned amol gschwend aufschtanda? I muaß ebbas gucka?« Die Tante fragt erstaunt, was ihn denn so interessiere. Da antwortet er: »Ha woischt, i möcht bloß amol geschwend gucka, wiea des aussieht, weil doch dr Baba emmer sagt, du hockescht auf daim Geldsack wiea dr Teufel auf ra arma Seel!«

──────── »...« ────────

Onkel Ferdinand, der als geizig bekannt ist, macht sonntags kurz vor zwölf einen Besuch bei Verwandten. Man redet und redet, aber die Hausfrau macht keine Anstalten, das Mittagessen auf den Tisch zu bringen. Schließlich nutzt Ferdinand die Gelegenheit, als er mit der kleinen Sabine allein im Zimmer ist, zu fragen, wann denn üblicherweise hier sonntags zu Mittag gegessen werde. »Normal so om Zwölfe rom«, piepst die Kleine, »aber wenn Bsuach do ist, wardad mir, bis er ganga ist!«

Dr Suff

reibt oin uff...

»...«

Zwei Schulfreundinnen treffen sich nach langen Jahren zufällig wieder. »Ja was ischt denn dai Ma von Beruf?« will die eine wissen. »Wirtschaftsjournalist!« »Ach du arms Mädle!«, jammert da die erste. »I woiß, was du do mitmachscht. Dr mai sauft doch ao so arg!«

*

Hugo steht stark verkatert mit dem Rasierpinsel in der Hand vor dem Badezimmerspiegel. Mit strengem Blick betritt seine Gattin den Raum. »Heidawetter! – Du muascht aber no schee glada hann von heut nacht!« Mühsam zwingt er sich zum Nachdenken und fragt schließlich: »Worom?« »Weil du em Moment dra bischt, den Badezemmerspieagel mit Rasierschaum zom Aischmiera!«

»...«

Peter hat ziemlich über den Durst
getrunken und dadurch erhebliche
Schwierigkeiten, sein Zuhause
wiederzufinden. Nachdem er an mehreren
Türen geläutet hat und von den
Bewohnern tüchtig ausgeschimpft
worden ist, trifft ihn schließlich ein Schlag
von seiner Gattin mit dem Nudelholz.
Glücklich lächelnd haucht er die Worte:
»Endlich drhoim!«

*

Klein-Irene kommt spät abends aufgeregt
zu ihrer Mutter gelaufen: »Du, Mama, auf
em Trottwar vor onserm Haus sitzad drei
Männer ond sengad Lieader!« Wütend
greift die Mutter zum Putzkübel und
keift: »Dene schütt i gau an Oimer Wasser
nonder, no vrgohd dene 's Senga!« »Au
toll, Mama!« kreischt da Irene begeistert,
»aber bascht auf, daß de da Baba ned
triffscht, der dirigiert nemlich diea drei!«

»...«

Der kleine Sohn des Försters darf zum erstenmal an einer Berghüttentour teilnehmen. Beim nächtlichen Matratzenlager liegt er neben einem Bergsteiger, der nach kräftigem Alkoholgenuß laut zu schnarchen beginnt. »Der sägt grad an ganza Wald om!« flüstert der Vater dem Kleinen zu. Plötzlich dreht sich der Schläfer auf die andere Seite und das Schnarchgeräusch verstummt. Da wispert der Sohn zurück: »Jetzt isch em sai Säg abbrocha!«

*

Der Pfarrer predigt auf der Kanzel, daß es oftmals nur Kleinigkeiten seien, die einem das Leben erschweren. Darauf beugt sich Gerhard zu seinem Nebensitzer und flüstert: »Der hod fai recht. – Wo i heut morga vom Ochsa hann hoimfahra wella, hann i zwor mai Auto gfonda, aber ned 's Schlüsselloch!«

»...«

Von einem ausgedehnten Kneipenbummel zurückgekehrt, bekommt der Frieder von seiner Angetrauten eine ordentliche Standpauke zu hören. Sie schließt mit den Worten: ». . . ond außerdem ischt bewiesa, daß Alkohol des Leba ganz schee vrkürzt!« Worauf ihr Gatte bestätigend nickt und säuselt: »Jawoll, des kann i bezeuga! – Wenn de so en dr Wirtschaft hockscht, vrgohd Zeit wie em Flug!«

*

»Komm, mir gangad zo mir hoim ond drenkad do no an Tropfa!« drängt Karl-Heinz seinen Stammtischbruder. »Guat«, stimmt der mit schwerer Zunge zu, »aber ois ka dr saga, wega ma Tropfa mach fai i den weita Weg neda! – Do muascht scho a Literflasch sprenga lassa!«

»...«

Die Familie sitzt auf der Terrasse und genießt den Samstagabend. Da torkelt Junggeselle Petermann vom Ochsen nach Hause. Der Vater schüttelt den Kopf: »Dr Petermann ischt a Kerle wiea dr Mond!« »Wiea moinscht jetzt des, Baba?« will der Frieder wissen. »Ha ganz oifach. Vier Viertela ond no ischter voll!«

*

Zwei Betrunkene staksen in gebückter Haltung eine stillgelegte Bahnschienenstrecke entlang. Nach einer Weile stöhnt der eine: »Ja sag amol, hört denn dui Stieg nemme auf!« Worauf ihm der andere entgegnet: »Die viele Stuafa dädad mir ned amol so viel ausmacha, wenn diea no koi so niedres Gländer häddad!«

»...«

Die Enkelin erzählt dem Opa von ihrem neuen Freund. »Ja, was studiert no dai Stefan eigentlich?« will er wissen. »Wirtschaftsrecht«, sagt sie. Da nickt der Opa zufrieden. »Recht hodder, gsoffa wird emmer!«

*

Erwin hat sich zur Freude seiner Zechfreunde für die Tour durch die örtlichen Wirtschaften mit der Begründung, er gehe zum Angeln, von seiner Frau verabschiedet. Im Fischgeschäft kauft er anschließend einige Forellen und liefert diese bei seiner Rückkehr stolz zu Hause ab. »Wo hoschd denn du diea wieder kauft; du Schlamber!« empfängt ihn seine Angetraute wütend. Erwin gibt sofort alles zu und fragt, woran sie es denn gemerkt habe. Da antwortet sie: »Ha, Narr, weil du Hamballe dai Angel drhoim lasse hoscht!«

»...«

Eine stadtbekannte Schwatzbase steuert schnurstracks auf Frau Brandstetter zu. »I hann ghört, ihr Mann ist gestern Nacht mit voller Wucht gega an Laternapfahl prallt! – Stemmt denn des?« Frau Brandstetter nickt betreten: »Zom Glück hoder sai Auto vor dr Wirtschaft standa lassa!«

*

Nachdem Eugen des öfteren mit einem gehörigen »Balla« nach Hause kam, läuft bei seiner Lina schließlich das »Häfele« über und es gibt einen Riesenkrach, bei dem auch Geschirr zu Bruch geht. Tränenüberströmt sitzt der Eugen auf dem Sofa und kündigt mit versiegender Stimme an, daß er sich in den nahen Baggersee stürzen wolle. »Des glaub i glei«, ruft seine Lina, außer sich vor Wut, »daß de den ao no aussaufa kascht!«

Grüss Gott, Herr Doktor...

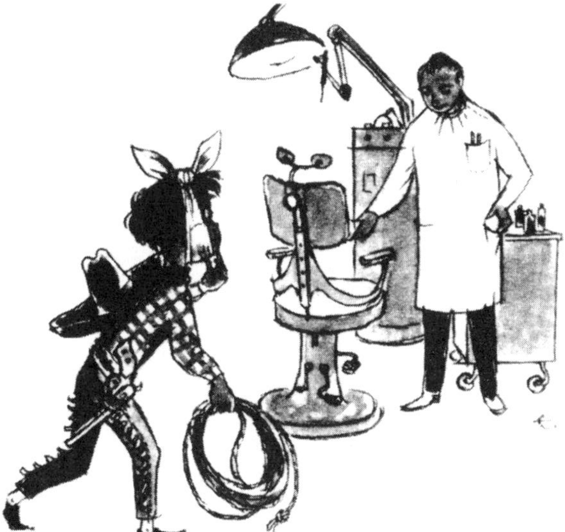

»...«

Ein junges Elternpaar kommt verzweifelt und müde zum Kinderarzt und fragt um Rat wegen ihres nachts ständig weinenden Babys. »Tja«, kratzt sich da der Arzt nachdenklich im Bart, »dend Se doch dem Kend amol ebbas vorsenga, vielleicht hilft des?« Worauf ihn der junge Vater erschrocken fragt: »Ja sollad's mir ned amol zerscht em Guade probiera?«

*

Der alte Landarzt empfiehlt der Maier-Hof-Bäuerin: »Wega dene Schmerza duascht daine Knöchel mit Schnaps aireiba, des hilft dir wieder auf d' Füaß!« »Komisch«, sagt da die Bäuerin, »bei maim Ma bewirkt dr Schnaps emmer 's Gegadoil!«

»...«

Irmgard liest ihrem Mann aus einer Frauenzeitschrift vor, daß Krankheiten immer an der schwächsten Stelle des menschlichen Körpers sitzen. »Jawoll!« nickt da ihr Mann eifrig hinter seiner Zeitung, »deshalb hoscht du ao dauernd Kopfweh!«

*

»Na, was hod dr Dokter gsagt?« fragt Frieda ihren blaß aussehenden Ehemann. »Er hod gsagt, daß i dringend Höhaluft ond viel Bewegung hann sodd!« – »Ha des ischt jo prima«, freut sie sich, »no kascht glei auf d' Bühne nauf ond Wäsch aufhenga!«

»...«

Landarzt Böckeler verschreibt dem alten Berthold Zäpfchen, die er dreimal am Tag einführen soll. Berthold bedankt sich überschwenglich, dreht sich aber unter der Tür noch einmal um und fragt: »Ja, Sie, Herr Dokter, muaß i diea Zäpfla jetzt vor oder nochem Essa nemma?«

*

Nach einer eingehenden Untersuchung sagt der Arzt zum Maierhof-Bauern: »Also, Schorsch, du bischt rondrom gsond, bloß dain Kropf, der macht mir Sorga!« »Ach komm, Dokter«, beruhigt ihn da der Bauer mit verschmitztem Lächeln, »mach dir nix draus. – Mir wär's jo ao egal, wenn du oin heddeschd!«

»...«

Der Arzt trifft den Hans Birkle auf der Straße: »Ja, Ihr Frau ischt ao scho a baar Mol bei mir en dr Sprechstond gwesa...« »Aha«, sagt da der Birkle, »deshalb spricht dui en letschtder Zeit so viel!«

*

Der Dorfarzt sagt nach der Untersuchung: »Du, Heinrich, i moin, du solltescht dai Kehle ned so oft ahfeuchta!« Da antwortet der Patient mit einem verschmitzten Lächeln: »'s ischt guad, daß des sagscht, Doktor, no will i no glei mai Supp weglassa beim Essa!«

»...«

Eberhard war von der Natur mit einem besonders stattlichen Riechorgan ausgestattet worden. Und so kam es, daß er immer älter wurde, ohne ein Mädchen zur Heirat gefunden zu haben, das sich nicht an seiner Nase gestört hätte. Da entschließt er sich zu einer Schönheitsoperation. Der Arzt besieht sich Eberhards Prunkstück von allen Seiten und sagt schließlich: »Des wird fai ed billig. Do send schnell a baar Dausender vrschaffad!« Dem sparsamen Eberhard wird ganz schwindelig. »Ja, Herr Doktor, gibt's denn koi günschdigere Lösung?« »Selbstverständlich«, nickt da der Arzt gelassen, »trettad Se en an Boxclub ai, no grieagad Sie dui Sach gratis!«

Eheproblemla...

»...«

Die frischgebackene Ehefrau kocht gleich am ersten Tag ihrer Ehe Linsen. Ärgerlich sagt ihr Gatte: »Du woischt doch genau, daß i do drauf emmer so furchtbare Blähungen grieag!« »Weiß ich, mein Schatz«, flötet die Liebste, »deshalb hann i diea Linsa au en Fencheltee kocht, des hilft!«

*

Erwin starrt fassungslos auf seinen neuesten Kontoauszug und stammelt: »'s Geld wird ao emmer weniger wert!« Aufatmend tönt seine Hildegard aus der Küche: »No ben i jo grad froh, daß i mir gestern no den neua Pelzmantel kauft hann!«

»...«

Erika mahnt ihren Gatten kurz vor der Abreise in die Kur noch eingehend, auch alle Pflanzen ordentlich zu gießen. »Sobald i durscht hann, grieagad diea au ebbas«, verspricht der Mann, worauf seine Frau einen Entsetzensschrei ausstößt und ruft: »Om Hemmelswilla, du vrsäufscht mir jo meine ganze Pflanza!«

*

Der Reporter befragt das goldene Hochzeitspaar, wie es denn so in den langen Jahren der Ehe gegangen sei. Die goldene Braut antwortet: »Ach wissad Se, bei ons isch's emmer no so wiea am erschta Dag!« Der Reporter ist ganz gerührt über diese Worte, bis der Ehemann ergänzt: »Mir hand nemlich scho am erschta Dag gleich Händel grieagt!«

»...«

Ein Ehepaar besichtigt das Geburtshaus eines berühmten Dichters. Der Museumsführer erklärt, daß sich in diesem Gebäude seit dem Ableben des großen Meisters vor nunmehr 150 Jahren nichts verändert hätte. Langsam dreht sich die Frau zu ihrem Mann um und sagt: »Siehsch, ond onsere Mieter beschwerad sich scho, weil mir em Haus erschd seit 30 Johr nix meh hend macha lassa.«

*

Die Ehefrau reklamiert bei ihrem am Fenster sitzenden Mann, daß er immer nur mein Haus, mein Garten, mein Radio usw. sage und nie unser. »Des kascht glei hann!« brummt er mißmutig, »dr Wend hod grad onsern BH vom Wäschsoil blosa!«

»...«

Berta beklagt sich bei ihrem Oskar: »Früher hoscht emmer gsagt, mai Lieabe zo dir sei für die so dauerhaft wärmend wiea an Elektrospeicherofa!« »Ha ja«, verteidigt sich da der Oskar wütend, »do hann i jo schlieaßlich ao no nix von denne saumäßig hohe Stromrechnunga gwißt!«

*

Herr und Frau Brettschneider haben sich bereits zur Nachtruhe gelegt, da steht er noch einmal auf. »Wo willscht denn na?« ruft sie ihm nach. »I will bloß gschwend mai Brill aufsetza!« »Ja zo was brauchscht denn du bei Nacht a Brill?« Da kommt er bereits mit der Brille auf der Nase wieder zurück. »Ha woischt, i hann doch gestern nacht träumt, wiea en ma Film, i däd en Südfrankreich leba, ond no hann i aber diea deutsche Untertitel ned lesa könna!«

»...«

Heinz hält seiner streitfreudigen Ehehälfte vor, daß schließlich der Pfarrer bei ihrer Trauung gesagt hätte, daß die Frau dem Manne untertan sein soll. »Ja, lieabe Zeit, wiea stellscht du dir denn des vor? – Hätt i vielleicht scho en dr Kirch mitem Pfarrer Händel ahfanga solla?«

*

Peter war als Helfer beim Feuerwehrfest tätig und so ergibt sich, daß er nach einer langen und feuchtfröhlichen Nachsitzung am frühen Sonntagmorgen nach Hause kommt. Als er im Schlafanzug vor den Ehebetten steht, blinzelt seine Gattin verschlafen: »Ja sag mol, muascht denn du scho wieder fort ge schaffa? – Komm, bleib doch no a bißle liega!« »Hosch eigentlich recht!« brummt der Peter und steigt ins Bett!

»...«

»Du, Schätzle!« flötet Susi mit einem betörenden Augenaufschlag ihrem Gerd ins Ohr, »was dädeschd denn du zo ma neua Nerzmantel saga?« »Na gar nix!« brummt er zurück, »i onderhalt mi doch ned mit tote Tierla!«

*

Ein altes Ehepaar hat Zeit seiner Ehe miteinander im Streit gelegen. Als es schließlich bei der Ehefrau auszugehen scheint, nimmt sie ihr Mann bei der Hand und flüstert: »Gell, Mariele, bevor de stirbst, send mir aber wieder guat mitnander ond vergeßad alle Streitigkeita!« Nach sehr sehr langem Überlegen gibt sie schließlich ihr Einverständnis, jedoch nicht ohne noch hinzuzufügen: »Aber des oine ka i dir saga, wenn mir's wieder besser gohd, lassad mir's, wies ischt!«

»...«

Michel und Karin stehen als Brautpaar vor dem Traualtar und lauschen den Worten des Geistlichen. Plötzlich runzelt der Michel nachdenklich die Stirn und unterbricht den Pfarrer mit den Worten: »Wartet Se amol Herr Pfarrer, könntet Siea dui Stell mit dem in guten und in schlechten Tagen nommol vorlesa?«

*

Mit angstvoll aufgerissenen Augen stürmt eine Frau in die Dienststelle des Dorfpolizisten. »Schnell, schnell verhaftat Se mi, i hann maim Ma 's Wellholz aufs Hirn nauf ghaua!« »Isch der dod?« will der Polizist wissen. »Noe wa«, beruhigt ihn die resolute Dame, »aber er ischt mir nochgsauad!«

Spitzige Goscha...

»...«

Wilfrieds Eltern hatten ihrem Sohn eingeschärft, daß er bei seinem Vorstellungsgespräch in der in Aussicht stehenden Lehrfirma dem Chef unbedingt darlegen solle, wie strebsam er sei. Und so antwortet dann auch Wilfried zielbewußt auf die Frage des Chefs, was er denn nach seiner Lehre für eine Position in der Firma anstrebe: »Sobald i ausglernt hann, send Siea de längst Zeit Scheff gwesa!«

*

Herr und Frau Schäufele sehen sich im Zoo eine Schlangenvorführung an. Der Wärter deutet auf eine Schlange und erläutert den Besuchern, daß deren Biß sogar ein Kamel in wenigen Sekunden töten könne. Da zieht Frau Schäufele ihren Mann am Ärmel und ruft: »Eugen, baß auf ond gang ned so noch nah!«

»...«

Werner muß als Zeuge in einem Prozeß gegen einen Bankräuber aussagen. Er wird vom Richter gefragt, ob er wisse, zu welcher Uhrzeit der erste Schuß gefallen sei. »Om genau 11 Uhr, 24 Minuta ond 17 Sekunda!« Fassungslos starrt ihn der Richter an. »Woher wissen Sie das so genau?« »Ha«, gibt Werner zur Antwort, »i hann mir's aufgschrieba, weil i mir denkt hann, daß do irgend so an Grächtscheißer vom Gricht drnoch froga wird!«

*

Zwei Rentner sitzen auf einer Parkbank und klagen sich ihr Leid. »Also i hann müssa a bißle spazieralaufa, mai Emma ka no ao vier, fenf Stond über ebbas schwätza!« »Ach des ischt ja no gar nix!« kontert da der Leidensgenosse, »so lang schwätzt de mai jo scho über nix!«

»...«

Eine Spaziergängerin fühlt sich von dem vierbeinigen Liebling eines Ehepaares belästigt und fordert ziemlich lautstark, dem »Köter« doch einen Maulkorb zu kaufen. Worauf die Hundehalterin zurückgiftet: »Aber vorher kaufad mir lieaber oin für Ihr baisa Gosch!«

*

Hermann ist zum erstenmal bei seinen zukünftigen Schwiegereltern eingeladen. Der Schwiegervater stellt gleich zu Beginn erstaunt fest, daß Hermann seiner Mutter wie aus dem Gesicht geschnitten sei, worauf die Schwiegermutter Hermann mit den Worten tröstet: »Mach dir nix draus, Hermann, a Bua braucht ned schee sai!«

»...«

Ein Schwabe wird auf einer Wanderung unterhalb des Albtraufs von einem Touristen angesprochen: »Sagen Sie bitte, ist der Weg zur Albhochfläche gefährlich zu gehen?« Da schüttelt der Schwabe den Kopf und gibt zur Antwort: »Noi, noi! – Siea derfad bloß emmer dene Kuhaflada nochganga. – Wo diea Rendviecher nahkommad, kah Ihne ao nix bassiera!«

*

Albert sitzt gemütlich pfeifenrauchend auf dem Bänkle vor seinem Haus und genießt sein Rentnerdasein. Da kommt ein Mann vorbei und fragt ihn, wo er in diesem Ort denn telefonieren könne. »Ha, auf dr Post natürlich, des woiß doch jedes Rendviech!« Worauf ihm der Mann beim Weggehen sagt: »Drwega hann i Siea jo ao gfrogt!«

»...«

Eine sehr füllige Dame steht im Fleischergeschäft und mäkelt an der Wurst herum: »Noi, koi Streichwurst, dui ischt viel zu fett! Liebe Zeit, schneidet Se jo dui Fettschwarte an dem Schinka weg!« So geht es eine geraume Weile, bis die genervte Verkäuferin zu ihr sagt: »Jetzt däd mi's aber scho interessiera, wiea Siea no zu Ihrea Speckschwalla komma send.«

*

Mit Kennermiene betrachtet ein Kunde das Obst auf dem Marktstand. »I brauch für mei Frau a baar Äpfel. – Send diea mit Gift gspritzt worda?« Worauf ihm die Verkäuferin spitz antwortet: »Noi, des müssad Se drüba en dr Apothek selber kaufa!«

»...«

Die ältliche Lydia feiert einen runden Geburtstag. Sie hat viele Gäste eingeladen, darunter auch ihre Schwester, mit der sie seit Jahren verfeindet ist, nur um den Triumph auszukosten, daß die Schwester ihr vor den Gästen gratulieren muß. Alles wartet gespannt. Da rauscht die Langerwartete auch schon mit ausgebreiteten Armen durch die Tür auf die Jubilarin zu und flötet süßlich: »Lydia, i wünsch dir von Herza, daß du so alt wirscht, wiea de aussiehscht!«

*

Zwei Freundinnen unterhalten sich. »Endlich hann i a bassends Däschle gfonda zo maim blaua Kloid.« Worauf die andere entgegnet: »No gohds jo nommol, wenn du des gfonda hoscht. Also kauft hätt i mir des niea!«

»...«

Ein älterer, untersetzter Herr rennt heftig mit dem Schirm fuchtelnd einem davonfahrenden Omnibus nach und gibt dann schließlich auf. »Heddad Se no mitwella?« fragt ihn mitleidsvoll eine Fußgängerin. »Noe, saudomms Gschwätz«, schnaubt da der Mann wütend, »i hannen grad verscheucht!«

*

Peter wartet in seinem Auto auf dem Parkplatz ungeduldig, wie eine Dame vor ihm ihren Wagen etwas umständlich in eine Parklücke hineinmanövriert. Schließlich reißt ihm der Geduldsfaden und er ruft: »Hend Siea eigentlich a Fahrprüfung gmacht oder ned?« Da keift die Fahrerin zurück: »Wahrscheinlich scho öfters wiea Siea!«

Wirtschaftsspezialista...

»...«

Erwartungsvoll blicken die Stammtischbrüder ihrem Zechkumpan entgegen. »Na, was hod dai Frau gsagt, wo du so spät hoimkomma bischt?« Ächzend läßt sich der Angesprochene auf einen Stuhl sinken und sagt mit matter Stimme: »Hend ihr no 4½ Stond Zeit, no erzähl ich's euch!«

*

Der Friseur des Ortes erzählt am Stammtisch, daß in einer Fachzeitschrift gestanden hätte, daß schwarzhaarige Frauen ihre Männer mehr mögen als Frauen mit anderen Haarfarben. »Also des ischt an rechter Dreck, was diea do schreibad!« meldet sich da der Stephan zu Wort. »De Mai hod scho älle Hoorfarba ghed, ischt aber emmer gleich wüascht zo mir!«

»...«

Entsetzt zieht Werner einen Gegenstand aus dem Essen. Wütend wendet er sich an den vorbeieilenden Kellner. »Sie, Herr Ober, en meiner Gulaschsuppe liegt a Hörgerät!« Da legt der Kellner die Hand hinters Ohr und ruft: »Was hend Sie gsagt bitte?«

*

Frieda, von einem kleinen schwäbischen Dörfchen, muß wegen ihrer Rentenberechnung nach Stuttgart. Nachdem sie alles erledigt hat, sucht sie vor der Rückfahrt noch eine Gaststätte auf, um etwas zu essen. Der Ober erscheint und sagt: »Ich habe saure Nierle, gedämpfte Leber, Eisbein und Froschschenkel!« Frieda winkt müde ab und sagt: »Sie, Herr Ober, Ihr Leidensgeschichte interessiert mi ned amol im geringsta, i hann ao meine Problem. Sagad Se mir lieber, was bei Ihne zom Essa gibt!«

»...«

Am Stammtisch wird heftig über einen Zeitungsartikel diskutiert, in welchem ein 114jähriger erklärt hat, daß er dieses biblische Alter nur erreicht habe, indem er sein Leben lang viel gearbeitet, wenig gegessen, wenig geliebt und nie geraucht und getrunken hätte. Worauf der Hans-Jörg nachdenklich murmelt: »Kennad ihr euch denka, wieso der Grasdackel bei dem Leba so alt hod werda wella?«

*

In einem bekannten Feinschmecker-Lokal läßt ein Gast den Koch rufen und macht ihm Vorhaltungen, daß das Essen zu wenig gesalzen sei. Da lächelt der Gerügte und sagt: »Des mag Ihr Moinong sai, aber des gleichet mir dann durch gsalzane Preis aus!«

»...«

Zwei Freundinnen treffen sich im Café. »Na«, fragt die eine teilnahmsvoll, »send daine Schlofstörunga jetzt vorbei, nochdem i dir grota hann, bei offanem Fenster zom Schlofa?« Grümmelnd läßt sich die andere auf den Stuhl fallen: »d' Schlofstörunga send weg, aber main ganzer Schmuck ao!«

*

Agathe, bekannt für ihre spitzige Zunge, hat in einem Hotel gegessen, und als der Ober beim Abräumen des Tisches nachfragt, wie sie das Kotelett gefunden habe, bekommt er zur Antwort: »Ha, am Ahfang hann i scho suacha müassa, aber i hann's no doch onder ma Zitronascheible gfonda!«

»...«

Karl-Hermann, ein überzeugter Vegetarier, bestellt in einem Restaurant eine große Salatplatte. In diesem Moment wird seinem Gegenüber ein Hasenbraten serviert. »Also«, sagt Karl-Hermann, »wiea ka ma ao so a arms Tierle schlachta ond essa.« Ohne mit der Wimper zu zucken schneidet sich der andere Gast ein großes Stück Fleisch ab und sagt: »Den hod ma miassa notschlachta, weilem ihr 's ganz Fuatter weggfressa hend!«

Mai liaber Fraind...

»...«

Erika erzählt ihrer Freundin, daß sie sich entschlossen habe, den Sven zu ehelichen. Entsetzt ruft die Freundin aus: »Ja bist denn du ned ganz bacha! Dr Sven ist doch mindestens drei Köpf größer wie du!« Worauf die Erika mit knitzem Lächeln erwidert: »No koi Angscht, den werd i scho kloi griega!«

*

Klein-Irene betrachtet die neue Freundin ihres Bruders mit besonderem Interesse. »Was guckscht denn mi so ah«, fragt die Freundin, die aus sehr gutem Hause stammt, schließlich unsicher. »Ha weil Siea gar koine Flossa hend, sondern richtige Füäß!« – »Ja worom soll denn i Flossa hann?« »Ha, weil mai Baba zo maim Bruader gsagt hod: ›Do hoschd aber an schena Goldfisch an dr Angel!‹«

»...«

Am Abend klingelt es an der Haustür. Die Hausfrau öffnet. Vor ihr stehen zwei Polizeibeamte in Zivil und fragen nach ihrem Mann, der als Unfallzeuge dringend auf dem Polizeirevier benötigt würde. Hastig macht sich der Hausherr ausgehfertig und alle drei verlassen das Haus. Kaum um die Ecke klopft der vermeintliche Unfallzeuge seinen beiden Skatbrüdern auf die Schulter und sagt: »Des hend ihr super gmacht, jetzt müssad mir uns aber fürs nägste Mol ebbas neus aifalla lassa, sonst fällt's auf!«

*

Am Polterabend erzählt der als Casanova bekannte angehende Ehemann den Jugendfreunden, daß er seiner Braut alles aus seiner Junggesellenzeit gebeichtet hätte. »Älles kah's jo gar ned gwesa sai!« reklamiert einer der Freunde, »ihr kennad euch doch erst seit segs Wocha!«

»...«

Ein Ehepaar unterhält sich über seine schon erwachsene Tochter. »Guck doch mol her, Ma, jetzt baut onser Doris a Haus für sich ond brengd äll baar Wocha an neua Fraind ens Haus. Freilich helfad se älle fleißig mit an dem Neubau, aber so langsam solld se sich doch amol für oin entscheida!« »Em Gegadoil!« brummt er nachdenklich, »dui ischt gar ned so ohgschickt! Zerschd hod se an Banker ghed, der hod ihra da Kredit bsorgt, dann an Maurer, an Zemmerma, an Flaschner, an Elektriker ond vorher hod an Moler ahgruafa, ob er ned helfa könnt.«

*

Zwei Freunde unterhalten sich. »Sag mol, worom willscht du denn von dr Heike nix mehr wissa?« »Weil i zviel von ihra woiß!«

»...«

»Sag mol«, moniert Günther bei seinem Stammtischfreund Heinz, »wieso kommscht du denn emmer so ohregelmäßig?« »Ha woischt, des ischt so«, erklärt der Heinz mit verschmitztem Lächeln, »bei mir drhoim isch's grad so sche ruhig, do mag i ao ned ausem Haus!« »Ja jetzt komm i gar nemme mit, i hann doch denkt, dai Weib schwätzt emmer so viel!« »Ja scho, aber emmer wenn i vom Stammtisch hoimkomm, schwätzt mai Sieglinde a baar Dag lang nix meh mit mir ond sobald i merk, se fangt wieder a schwätza, komme obends zom Stammtisch!«

*

Zwei Freunde treffen sich auf der Straße. »Na, Günther, wiea kommt dai Frau mit dir aus?« fragt Peter. »Danke, mit mir guat, bloß mit maim Geld ned!«

»...«

Karl-Heinz wartet vor einem Geschäft auf seine Frau. Da sieht ihn sein früherer Schulfreund, ein stadtbekannter Schnorrer und sagt: »Du Karl-Heinz, könndescht du mir ned fenfhondert Mark leiha, i sitz grad zemlich auf em Trockena?« »No hosch du 's jo no guat!« erwidert da der Karl-Heinz schlagfertig. »Mir stohd grad 's Wasser bis zom Hals!«

*

Heike und Frank rennen völlig außer Atem an die Kinokasse. »Leider«, so bedauert die Kassiererin, »ischt dui Vorstellung seit zehn Minuta scho ausverkauft.« »Siehscht, wenn du noragmacht hätteschst, no hätt's ons no en den Film glangad!« schimpft der Frank seine Freundin aus. Worauf sie zurückfaucht: »Ond wenn du koi so Saubressiererei ghed hätteschd, no müßdad mir jetzt ned so lang auf de nägscht Vorstellung warda!«

Oh Herr Lehrer...

»...«

Als Religionslehrer erklärt Herr Bechtle den Kindern, daß die guten Menschen alle in den Himmel kommen. Er stellt die Frage, was nach ihrer Meinung mit den bösen Menschen geschehe. Eifrig schnalzt der kleine Karli mit den Fingern und erklärt, daß die bösen Menschen von seinem Vater geholt werden. Verwirrt fragt der Lehrer nach, ob er denn damit sagen wolle, daß sein Vater der Teufel wäre. »Noi, Herr Lehrer«, meint Karli da wichtig, »mai Vatter ischt bei der Bolizei!«

*

Klein-Gerhard kommt von der Schule nach Hause; am Kopf eine große Platzwunde. »I ben Trepp nondergfalla!« erklärt er seiner Mutter. »Arms Kend«, bedauert da die Mutter, »hoschd no arg heula miassa?« »Noi, 's ischt doch niemand om da Weg gwesa!«

»...«

Berufsschullehrer Pfleiderer möchte im Unterricht den Zahlungsbefehl behandeln und stellt deshalb gezielt einem Schüler die Frage: »Gunter, was passiert, wenn deine Eltern bei der Bank 50 000 Mark Schulda hend ond se könnad diea nägste fällige Tilgungsrate nemme zahlen?« Darauf sagt der Gefragte: »No zieagad mir meistens om, Herr Lehrer!«

*

Eine Lehrerin geht mit ihren noch kleinen Schülern in den Zoo. Vor dem Giraffengehege entspinnt sich folgender Dialog: »Du, Sveni, i wedd koin so an lange Hals hann, no müßt i den jo jeden Morga wäsche!« »Des ischt scho richtig, Urs«, erwidert da der Sven nachdenklich, »aber stell dir doch vor, wiea ma do abschreiba könnt!«

»...«

»Aufstanda, Michael, du mußt end Schul!«
Verschlafen blinzelt der Kleine aus
seinem Kissen und fragt: »Du Mama,
woischt du jetzt eigentlich, was du
willscht? – Gestern obend war i no ned
müad ond no hoscht gsagt, i soll ens Bett
ganga! Ond jetzt drom i no müd ben, soll i
aufstanda!«

*

Der Schulrat stellt den Schülern bei
seinem Klassenbesuch die obligatorischen
Fragen. Er spricht auch mit dem Jörg:
»Welchem Papst verdanken wir unseren
neuen Kalender?« »Koi Ahnung, Herr
Schulrat, mir grieagat onsern emmer vom
Apothcker!«

»...«

»Na, jetzt, wiea sieht's aus?« will der Fußballmanager wissen, als sein Sohn mit dem Zeugnis nach Hause kommt. – »Alles klar, Baba« erwidert der Sprößling professionell, »dr Klassenerhalt ischt gsichert! Onser Lehrer hod mein Vertrag mit dr 6. Klass nommol om a Johr verlängert!«

*

Vater Bechtle wird wegen seines Sprößlings in die Schule bestellt. »Ihr Sohn woiß nicht amol wo d' Apennina liegad!« beklagt sich der Lehrer. Da versetzt der Vater seinem Sohn eine Ohrfeige und sagt wütend: »Ond i hann scho so oft zu dir gsagt, du solleschd dir merka, wo du dai Sach nahlegschd!«

»...«

Der Lehrer will wissen, was die Kinder alles in den Ferien erlebt haben. Sven meldet sich: »Also de erscht Hälfte von de Ferien hend mir en onserm Wohnmobil em Stau noch Italia vrbrocht ond de zwoite Hälfte em Stau auf dr Rückreise!«

*

Zum wiederholten Male mahnt der Lehrer die fast unleserliche Handschrift des Schülers an. Schließlich muß er einen Verweis von seinen Eltern unterschreiben lassen. Die Mutter hält dem Jungen eine Standpauke, die mit den Worten endet: »Am liebschta däd i jo des mit dainer wüschta Handschrift daim Vatter saga!« Worauf der Sohn entsetzt abwehrte: »Aber ja ned, Mama. Woischt, dr Vatter hod doch glei so a groba Handschrift!«

»...«

Herbert, der junge Anwärter für ein Lehramt, muß vor Kollegen eine Schulstunde halten. Diese simulieren nun als Test für sein Durchsetzungsvermögen eine Streßsituation, indem sie sich ungeniert und immer lauter werdend unterhalten. Bis Herbert schließlich verzweifelt ausruft: »I ka ned amol mehr vrstanda, was i sag!« »Tröstad Se sich«, beruhigt ihn da der Professor, »bis jetzt war ao no nix interessants drbei!«

*

Alma berichtet beim Mittagessen, daß ihre beste Freundin die Klasse noch einmal wiederholen muß. »Do ka dai Freundin nix drfür«, sagte der Vater kopfschüttelnd, »dera ihre Eltern send boide ned de Hellschte. Woher will's des Kend ao nemma!« »No ben i aber froh, daß ihr des ao so sehad«, piepst die Alma erleichtert, »i ben nämlich ao a Klass zrückkomma!«

»...«

Beim Kaffeekränzchen klagt die Mutter einer fast erwachsenen Tochter ihr Leid über die vielen Verehrer und deren Zudringlichkeit. »Ach, Hilde, des ischt ganz oifach!« beruhigt die Freundin. »Du mußt beim Kocha emmer viel Knoblauch verwenden, no löst sich des Problem von alloi!«

*

Markus verkündet nach dem Training im Sportheim, daß er gedenke, die außerordentlich hübsche Silvia zu heiraten. »Markus, merk dir ois, a schöna Frau hoscht niea alloi!« gibt da der erfahrene Trainer zu bedenken. »Des hann i mir ao scho überlegt!« sagt der Markus nachdenklich. »Aber i denk mir hald, lieaber a schöna mitnander, als a häßlicha alloi!«

Jetzt hosch da Dreck...

»...«

Der Standesbeamte fragt den etwas betulichen Hugo, ob er die hier anwesende Beate Feuerbächer zur Frau nehmen wolle. Da stutzt Hugo, sieht nacheinander seine Braut und dann seine Schwiegermutter an und murmelt leise: »Ach, deshalb send die zwoi heut so freundlich zu mir.«

*

Ein Kunstmäzen hatte einige Musiker eingeladen, ihre Eigenkompositionen vor ausgesuchtem Publikum vorzutragen. Nach Beendigung des Konzertes eilt der Gastgeber zu seinem ministeriellen Ehrengast und haucht verzückt: »Sagen Sie ehrlich, Herr Minister, haben Sie jemals schon so einer gnadenvollen Musik gelauscht?« »Oh ja, scho oft!« erwidert der Gefragte mit süffisantem Lächeln. »Praktisch vor jedem Konzert, wenn se ihre Instrument stemmad!«

»...«

Der Dorfpolizist beobachtet den Bächle Günther, wie er eine Bananenschale wegwirft. Er muß sofort fünf Mark bezahlen, weil es verboten ist, Dinge einfach fortzuwerfen. Günther fragt den Polizisten, als dieser ihm eine Quittung für die gezahlte Buße gibt, was er denn damit machen solle, da erhält er zur Antwort: »Dui kennad Se wegschmeißa!«

*

Der Apotheker wird tief in der Nacht herausgeklingelt. Er steckt schlaftrunken den Kopf aus dem Fenster und murrt die vor dem Haus stehende Frau an: »Kennad Se ned bis morga früha warta?« »Jo, aber bloß, wenn des mai Ma ao amol zo ihne saga derf, wenn Siea ihn nötich brauchad!« »Worum, was ischt denn Ihr Mann von Beruf?« will da der Apotheker wissen. »Feuerwehrkommandand!«

»...«

Frieder ist etwas einfältig. Er hat sich als Zeitarbeiter bei einem Wanderzirkus verdingt, der für drei Tage in der Stadt gastiert. Er muß gleich beim Zeltaufbau helfen. Als der Vorarbeiter mit einem doppelten Schädelbasisbruch ins Krankenhaus eingeliefert werden muß, erklärt der Frieder der Polizei den Vorfall so: »Ha, der hod so an Zeltpflock en boide Hend gnomma ond no hod der gsagt, sobald i mit em Kopf nick, hauscht du mit dem Hammer drauf!«

*

Werner sitzt beim Friseur und erzählt von seiner Reise nach Bonn. »Ja hoschd no ao da Bundeskanzler gseha?« will der Friseur neugierig wissen. »Freilich!« nickt der Werner. »Ond, was hod der no zo dir gsagt?« »Om Hemmels Willa, wer hod ao Ihne d' Hoor gschnitta!«

»...«

Als der Kioskbesitzer frühmorgens den Rolladen öffnet, wird er von einem mürrisch dreinschauenden Rentner mit den Worten empfangen: »Sagad Se amol, worom schreibad Sie eigentlich überhaupt Öffnungszeita nah, wenn sie eh nia pünktlich aufmachad?« Da grinst ihn der Geschäftsinhaber fröhlich an: »Ha, daß Siea solang ausrechna könnad, wieaviel i z' spät komm!«

*

Die kleine Doris fragt ihren Vater unzählige Male und beginnt jede Frage, mit einem »Du, Baba?« Da platzt dem zeitungslesenden Vater schließlich der Kragen: »Hör endlich auf mit deinem saudomma Baba!« Das ist nun aber der Mutter zuviel: »Also i vrstand di ned. – Zerscht hoschd du koi Ruha ghed, bis des Kend Baba zu dir gsagt hod, ond jetzt drom's schwätza ka, soll's wieder ruhig sai!«

»...«

Gudrun informiert ihren Freund davon, daß der Schwangerschaftstest positiv verlaufen sei. Nach einigem Nachdenken will der Freund wissen, was wohl ihre Eltern dazu sagen werden. »Ach woischt«, lächelt da die werdende Mutter glücklich, »diea freuad sich do jedesmol drüber!«

*

Ein älterer Kunde betritt wütend den Gebrauchtwagenmarkt und brüllt den Chef an: »Sie Schlawiner Sie elender, wo i den Waga vor ma Johr bei Ihne kauft hann, hend Sie mir vrsprocha, daß mi des Auto voll aushebt! – Ond jetzt hod's da Goist aufgeba!« – »Send Se doch froh, daß Se no lebad!« beruhigt ihn der Chef, »wo Sie den Waga kauft hend, hann i für mie denkt, der macht's ao koi halbs Johr mehr!«

»...«

Frau Bitterwein ist eine herzensgute Frau. Diese Eigenschaft hat sich ein Stadtstreicher zunutze gemacht und so bekommt er jeden Tag an Frau Bitterweins Haustüre ein kleines Vesperpaket ausgehändigt. Doch eines Tages steht er plötzlich mit einem »Kollegen« an der Tür. Verwundert fragt die Hausfrau: »So, kommad Se heid zo zwoit?« – »Freilich, Frau Bitterwein«, erklärt da der Stammgast ganz eifrig, »i möcht'en Ihne bloß gschwend vorschdella, er macht ab morga mai Urlaubsvertredung!«

»...«

Heiteres, Schwäbisches

Merk dr's no
Schwäbische Sprüche und Redensarten.
Von Norbert Feinäugle und Hermann Fischer mit
Illustrationen von Christoph Brudi. 96 Seiten.

Hond abschaffe, selber belle
Heiteres und Liebenswertes über sparsame
Schwaben.
Von Dorothea Kallenberg.
96 Seiten mit Illustrationen von Ulrike Stifter.

Schmunzeln bremst Runzeln
Schwäbische Witze von Herbert Huber.
96 Seiten mit Illustrationen von Bernd Bürkle.

Wie dr Schwob schwätzt
Reiz und Reichtum der schwäbischen Mundart.
Von Norbert Feinäugle und Hermann Fischer.
200 Seiten mit 126 Zeichnungen und Farbfotos.

Bloß a bißle nochdenkt
Satirisches auf schwäbisch:
30 kurze Geschichten von Albin Braig.
96 Seiten mit Illustrationen von Rainer Simon.

DRW-Verlag